# Genesis De la iNeXiStENcIa

**WENDELL NC**
*www.hisglorycreationspublishing.com*

Copyright © 2019 by Olga León

All rights reserved. No part of this book may be reproduced in any form without permission in writing from the publisher, except in the case of brief quotations embodied in critical articles or reviews. Unauthorized reproduction of any part of this work is illegal and is punishable by law.

Some names and identifying details have been changed to protect the privacy of individuals.

ISBN-13: 978-1-7327227-3-6
Library of Congress: 9781732722736

Printed in the United States of America

# Table of Contents

REMANSO .................................................................................. 1

ÍMPETU ..................................................................................... 3

IDEALES .................................................................................... 5

LIBRE ALBEDRÍO ..................................................................... 9

IMÁGENES .............................................................................. 11

NOVENA .................................................................................. 13

CONFIDENCIA ........................................................................ 15

INVENTARIO ........................................................................... 17

ESCAPE ................................................................................... 19

PUREZA ................................................................................... 21

INCÓGNITA ............................................................................. 23

ODISEA .................................................................................... 25

INERCIA ................................................................................... 27

BLASFEMIA ............................................................................. 29

EFEMÉRIDES .......................................................................... 31

VERSOS MUERTOS ............................................................... 33

TIEMPOS DE OLVIDO ........................................................... 35

CREDO .................................................................................... 37

EL DESTIERRO ...................................................................... 39

| | |
|---|---|
| CIRCUNSTANCIAS | 43 |
| AUYANTEPUI. | 45 |
| DISOLUBLE | 47 |
| DESAMADA | 49 |
| MI AMANTE | 51 |
| REENCUENTRO | 53 |
| AMOR | 57 |
| INHÓSPITO | 59 |
| DESESPERANZA | 61 |
| INFINITO | 63 |

To: God, mom, and my alter ego.

This book was inspired by my unconditional love for God, by the peculiar relation with my mom but particularly by my odd ways of coping with the countless heartbreaking of all types I have undergone from a young age.

# ACKNOWLEDGEMENTS

I would like to thank author and publisher **Felicia Lucas** for providing me with the opportunity to become a first time author using her expertise and tutelage in the field, making this book a reality.

# *Remanso*

Si sólo fuera impasible a las cosas que presiento, si aguantara el llanto, sollozando hacia mis adentros y si sólo me conformara con vivir inerte, ante las cosas que me pasan de repente, entonces y sólo así, tal vez dejaría de escribir versos.

Si dejara de hacer lo que hacer debo y vistiera de luto mi recelo, acallando mis miedos, entonces y sólo entonces, dejaría de temer lo que temo.

Si tú quien quiera que seas, me fueras indiferente,no pensaría en ti, como lo hago tan frecuente,no te esperara tanto, como te espero siempre,no sentiría este deseo ansioso , ansioso por conocerte.

Si sólo alguien me buscara, porque el corazón le vence la mente y dejara salir de sus dedos las caricias que me pertenecen, yo desistiría de vivir muriendo y renunciaría a concebir lo ausente.

Si sólo me resignara a dejar que el tiempo pase
dejando que el reloj de mi vida se atrase,
entonces me confundiría entre el murmullo de voces
anónimas y plantas sin capullos, entre hojas caídas y
secas, entre difuntos.

Si no dejara salir el ser que en mi está preso,
si plasmara lo que soy en un solo verso,
encontrado migajas de desaliento quizá acabaría mi
vida, como la acaba un entierro,
entre flores, entre llanto y rodeada de muertos.

# Ímpetu

Puedo olvidar un nombre sin desespero,
besar con pasión, pasión sin frenos,
decir muchas cosas, cosas que decir no quiero y
levantarme si caigo al suelo para seguir entre mares,
entre vuelos tratando de recordar, recordar lo que no
debo.

Puedo salvar una vida, cavando mi sepultura.
Volar hasta las Alturas buscando para mi verso una
rima, renacer entre cenizas, mirando cómo se las lleva
la brisa.

Puedo olvidar tu recuerdo y recordar que ya te olvido.
Puedo hablar y no saber lo que digo,
sacrificar un poema sin dejar versos heridos.

Puedo respetar la injusticia divina y retroceder en el
tiempo para seguir siendo niña, para que mi vida de
color se tiña como en aquellos momentos.

Puedo desahogarme en silencio,

reírme del adiós y del beso funesto,
convertir tu despedida en un eterno regreso.

Cargar todas las penas en mis hombros
sin hacer un mínimo esfuerzo
y sin mucho asombro.

Puedo salirme de mí y buscar refugio ajeno,
caminar por un sendero estrecho
sin perder de mi alma la frescura,
la frescura que yo siento cuando rezo.

# *Ideales*

Quiero escoger un día,
uno que hable de Jesús o de Mahoma
y si no de ellos, de cualquier otro,
con cuidado colocarlo sobre un potro
para que recorra la vida
de aquellos que se sienten poco.

Quiero escoger un amigo,
uno de esos que nunca tuve.
Uno que sea terrenal, que no ande en una   nube.
Uno que respete todas las cláusulas del contrato;
que se dedique más a la devoción que a los maltratos,
que me haga llorar cuando me diga la verdad en mi cara
pero que desmienta a los que de mi hablan a mis espaldas.

Quiero escoger un recuerdo,
uno de esos que te hacen perder la memoria.
Preguntarle por qué dejó de ser Historia,
por causa de la amnesia o por no causar euforia.

Quiero escoger una mentira,
una como las que todos dicen,
una de esas que no hieren, una que nadie predice.

Decirla a los que de mi vida se van
y a todos los que a ella vienen.
Recitarla frente al altar,
total las estatuas ni entienden ni sienten.

Quiero escoger un beso,
uno de esos que nunca llegaste a darme,
que se quedó en tu boca inerte.
Uno que me permita besarte
besarte aunque estés ausente.

Quiero escoger un pecado,
uno de los que nadie se arrepiente.
Uno que no cree confusión, uno que se resuelva con el perdón.

Uno que me haga un pecador con escapulario,
y me haga hacer lo reglamentario
siendo católico bautizado
en pleno ejercicio de mi religión.

Quiero escoger una vida,
una que ya haya sido vivida;

que haya muerto de vieja siendo niña.
Una vida sin hazañas, una vida interrumpida.

Quiero hacerla mi amiga y hablar a sus espaldas para
que nunca se entere que no le tengo confianza.

Quiero escoger un dios,
uno que no se apoye en el libre albedrio
para justificar el dolor y el pecado.
Un dios que elimine el sufrimiento
producto de un fruto vetado.

Un dios callado, uno no celebrado,
que tenga discípulos y no becados.
Uno sin Biblia, sin Vedas ni Corán
uno que nos proteja del que dirán.
Uno que libere a Palestina de Israel,
y a nosotros de pagarle al tío Sam.

# *Libre albedrío*

Un día cualquiera caminaré sin fronteras,
sin escrutinio del panorama, me iré a lo que me espera.
No buscaré ilusiones, ni libros ni quien me quiera.
Se me verán las costuras, las puntadas y las grietas.

Dejaré mi casa y el hogar que hice de ella,
más no llegaré a nada pues sin rumbo a nada se llega.
No habrá líneas divisorias que separen mi ser del hacer, yo llevaré la batuta y vaciaré mis escombros del ayer.

Pretenderé tener lo que me falta,
y dejaré en el camino todas las cargas.
Contendré lo que me detiene y endulzaré lo que me amarga.
Creeré que todos los credos son ciertos aunque sean sólo falacias,
concretaré todos mis sueños y cubriré de paz mis desgracias.

Cuestionaré lo que soy y lo que no hice en el pasado,le advertiré a todos los puristas, letrados y mal informados
que de dónde vengo y a donde iba fueron cosas inusitadas, cosas que me hacían perder o ganar y me dejaban la mente averiada.

Fingiré que enaltezco a los que me adversan
y pretenderé que sus verdades son las mismas que yo profeso.
Disimularé que mi armonía, mi vida y mi ego inquieto navegan en la misma barca en un rio siempre revuelto.

Un día cualquiera dejaré de ser lo que soy y volveré a ser lo que era.
no pugnaré nada de lo que de mi crean, todo será en viceversa,
ese día cualquiera, ese día será lo que sea.

# *Imágenes*

Pensar que no tengo efigie,
vaya zozobra de mi alma,
camino por todas las aguas
y busco equilibrio al azar.
La suerte me lleva a naufragar
por las imágenes del pensamiento
así regreso de nuevo a lo que imagino que pienso.

He ido dejando migajas de olvido
para encontrar el camino de siempre
pero prefiero coger un atajo
para esquivar algunos recuerdos.

Y ¿aquella luz? ¿De dónde vendrá?
Una voz con eco me cortó la pregunta,
hágase la luz para poblar el mundo entero.

Yo como que mejor retrocedo
y vomito todas las migajas
que me he estado comiendo.

## Genesis De la iNeXiStENcIa

Esperé 7 días, hasta que el cielo preñó la tierra y al día
siguiente nacieron mis camaradas Emerson, Poe y el
Che Guevara
Cuando llegó noviembre
mi madre me parió a regañadientes.
El médico se ahorró la nalgada
pues vio que ya yo lloraba
pues sabía lo que me esperaba.

Llegó diciembre y en otra teta cenaba,
pues el desayuno se me negaba.
Al cumplir los siete años
volvieron a hacer que llorara.

Llegaron todos los aniversarios
de un aborto no abortado
de allí vienen todas mis muertes.

De donde sale mi nombre
salen las cenizas de mi suerte
yo que quiero morir diariamente
y a la última de nuevo lo pienso
y me regreso al arca de Noé.

# *Novena*

No pido ni muchos rezos
ni que malgasten en velas.
Me conformo con una edición
de la constitución de Venezuela.
Además quiero una videocinta
de la primera "radio rochela".

Quiero que sirvan café
con panela de "San Joaquín"
Quiero la matita de "un solo pueblo".
y un cuatro de mi padrino Luis.

Llorar ni siquiera hace falta
Léanme al unísono
un chistecito de Mafalda.

No vayan al cementerio,
ahí ni me la pienso pasar.
Daré algunas vueltas por Miraflores
y por el Panteón Nacional.
Ya no será para ver al caudillo Páez

pues al lado de mi tumba yace ya,
en el cementerio municipal.

No le pongan palabras a mis pensamientos
y ¿si no es eso lo que yo pienso?,
y ¿si no es eso lo que yo creo?
no rompan mi poesía, no se afanen en traducirla;
es lectura de analfabeto, es justicia de encarcelados
es un mundo sin tierra ni bandera, es mi poema.

No se empeñen en descifrarme; no hay diccionario
febril.
Nada hay en mi nada, más que todo lo que no hay.
Mi lenguaje no es poético ni mi poesía tiene métrica
mi poema no es pensamiento, ni acción ni ficción,
fábulas o parábolas, ni leyenda; mi poema soy yo.

# *Confidencia*

Yo declaro ante los muertos
que me he dejado llevar por su silencio.
Que he pecado de indignos pensamientos
ante la tumba de un soldado moribundo,
que no defendió la patria
de las peores patrañas:
una república sin democracia.

Yo expreso ante el congreso
que ya hice el pago de mis impuestos,
pues el estando con los norteños
comprobaba lo que no dicen los informes.

Yo confieso ante los hombres
que la humanidad requiere de terapia.
Que la escuela es analfabeta y la iglesia
necesita ser bautizada.

Yo formulo una denuncia
ante las autoridades competentes,
para que se haga justicia

y mi identidad me regresen,
cuando emigre del norte.

Yo preciso clamar ante Dios
que seguimos deambulantes, en la misma burbuja;
buscamos todo pero la nada nos llega por montones,
desafíamos todas sus leyes y el cielo lleno de
pecadores.

# *Inventario*

Anteayer perdí la noción del tiempo
y revisé mis recorridos,
mis rencores y mis promesas.
De éso salió mi otra
salí triste, salí ilesa, salí rota.
Me dejó nada más que telarañas,
unas cuentas por pagar y una vida extraña.

Pasaron unos cuantos días
logrando llegar a mis culpas.
Mis pensamientos eran dudas
que tenían raíces sin ser verduras.

El calendario no se detenía,
la luna se lo impedía.
Mataremos a la luna
para que no se lleve nuestro hoy en día.

Hoy soy menos que ayer,
menos niña, menos mala, menos fiel.

## Genesis De la iNeXiStENcIa

Hoy tengo más de lo que pensaba no tener;
no tengo casa, no tengo amigos, no tengo ser.
Ayer fui lo que pensaba no ser,
una colmena llena de abejas pero sin miel.

# *Escape*

Huyo tantas veces de mí
y en la huida me muerdo la lengua
sin pronunciar palabra.
Éstas mueren al llegar a mi garganta
y se atrincheran en mi mente calma.

En mi fuga recibo escarmientos por mis culpas,
ellas me acusan, me sancionan y me ejecutan.
Albergo dudas y pasiones sombrías,
que me hostigan y chantajean,
que hacen que deserte de lo que hacía.

Evado los impuestos de la vida
pues evito pagar por mis errores,
alegando que no producen sapiencia
sin saber que es la primera etapa
que nos conducen a la experiencia.

Emigro hacia el poema que no he escrito
lo busco, y alerto a las estrofas que no riman,
la búsqueda es perenne como perpetua es mi huida.

# *Pureza*

Es fácil escribir un poema
con tan sólo mirar la luna llena.
Cuando se siente a la madre cerca,
cuando le somos fiel a alguien
sin importar si no es viceversa.

Es fácil ser un poeta,
cuando alguien nos mira con mirada quieta.
Cuando Adonis nos presta todas sus flechas
Para lanzarlas al que queremos deje la charla.

Es fácil recitar un verso,
cuando entendemos que besar
no es lo mismo que dar un beso;
besar es unir los labios
y un beso son dos corazones presos,
que navegan en el mismo lago
sin agua, sin velas y sin barco.

Cualquiera escribe una copla
si no piensa vivir en la derrota.

Si entiende que la patria es como una rosa
hay que cuidarla y no entregarla
y defenderla por sobre todas la cosas.

A nadie se le dificulta una rima
si tiene los pies sobre la tierra
si es genuino cuando conversa
y ningún demonio los asecha.

# *Incógnita*

¿Qué lastimará más en el mundo?
¿Caminar sin zapatos sobre vidrios o caminar sin rumbo?
¿No tener por quien vivir o vivir por quien no vale?

¿Quién merece mayor escarmiento?
¿Los que cometen muchos errores o los que no aprenden de ellos?
¿Los ignorantes con licencia o los pecadores bautizados?

¿Qué escogerás si te ponen a escoger un día?
¿Perder el amor de tu vida o perderle amor a la vida?
¿Robar por tener hambre o cometer pecados de la carne?

¿Qué oración retumba más fuerte en el cielo?
¿El padrenuestro del Papa en el Vaticano o el Avemaría de una monja en un orfanato?
¿Qué pasará cuando ya nada nos asombre?
¿Alabaremos a Dios o alabaremos al hombre?

¿Cuál es la parábola más grande?
¿Creerse dueño del mundo o creer que el mundo no tiene dueño?
¿Valerse de la regla de oro para vivir con todos o valerse de todo el oro para vivir sin las reglas?

# *Odisea*

Quiero impedirle al tiempo
que navegue entre noches y días.
Quiero pedirle al silencio que no se calle todavía.
Quiero vivir pensando que mi muerte será digna,
que no volverán por mí esas células malignas.

Quiero expresarle a Dios una gran queja,
que no comparto su visión de vida pues me es ajena.
Que su justicia divina no es justa ni necesaria
basta eliminar el capital, la carencia y las penas.

Quiero pedir perdón a los que mis palabras ofendan
pues todo lo que digo es por propia defensa
soy presa de mis errores, mi ignorancia y mis sandeces
les puedo garantizar que lo he pagado con creces,
todavía estoy aquí escribiendo estupideces.

Quiero expresar un último comentario,
me la paso todo el día mirando el calendario.

sé que vendrán por mi aunque no se para cuando y esa visita inesperada me dejará saber lo del rosario.

# *Inercia*

Me muevo alrededor de mí
sin consciencia de todo y de nada.
Veo mi futuro en el futuro de mi vida,
de mi vida vivida a mi alrededor.
No tengo nada y no necesito más que todo.
Me detengo en la quietud de mi inmovilidad
y me veo cerca de lo que no soy.

Estoy inmóvil en la conciencia de mi existencia,
un existir efímero que me inmoviliza una y otra vez
sin dejar de moverse a mi alrededor,
todo ha sido y se quedó sin ser en este momento.

Quiero moverme y fluir en mi consciencia
No sentir que ya no me sienta,
Seguir siendo lo que no he sido: un ser sin existencia.

Genesis De la iNeXiStENcIa

# *Blasfemia*

Dios es para mí...
el padre que me guía...
el hermano que me protege...
el hijo que me acompaña...
el amigo que me entiende
y...el amante que me deja insatisfecha...!

Dios, siendo el mejor
de los amantes que me ama,
 no puede hacerme el amor.

 Yo soy para Dios
la madre que no ha parido,
la hermana de Caín y Abel,
la hija sin parentesco,
la amiga que lo trasciende,
 y la amante que dejó a Adán sin Eva.

No somos el uno para el otro
porque no hay otro en nosotros.
Somos uno antes y después del otro

Él me deja insatisfecha yo lo dejo boquiabierto.

Cuando me regreso a la vida,
sentí que ésta ya estaba vivida
y tuve miedo, lloré y quise regresar.
Entonces, corté todas las ramas de nuestro árbol genealógico
y desde entonces no somos nada, sólo ramas.

# *Efemérides*

Almanaque hiciste lo que hiciste de mí.
Heme aquí siendo igual a siempre.
Ya no espero un año más,
ya llegaron los que esperaba.

Todos llegaron el mismo día
y se asentaron en mi frente.
Yo les oía murmurar: "se hace la que no entiende"

Ya ni aclaro mi garganta
al recitar los cantares de mi patria;
si ya no suenan en el ezequibo
ni en Ecuador ni en Santa Marta.
Ya no espero un año más
pues cada año que pasa nos
achica más el mapa.

Un calendario de traumas,
una historia sin pijamas.
Unos héroes atrincherados
en nuestra propia ignorancia,

un bravo pueblo en tierra mansa.

No te sientas ofendida pequeña Venecia mía,
no hablo de ti sino de lo que de ti hacían,
entregando la patria por un puñado de reales
y ufanando a un tal Rosales
de ser el cabecilla mayor de los Marasauditas.

Yo le pegaría a la chinita
si permite tal aberración.
Bien sea por referéndum o por encuestas de opinion la patria se queda en casa o dentro de la guarnición.

# *Versos Muertos*

¿Qué hago mi Dios?
Si veo un niño cara sucia
que pide limosna en la calle, allí sin importarle a
nadie.
Y yo sin nada que pueda darle.
¿Cómo voy a escribir un poema?,
si su mirada de impotencia me llena
y su vida me parece una miseria.

¿Qué hago Padre mío?
si tropiezo con un anciano que
duerme en la acera con frio.
Si nadie acepta el desafío
dándole una cobija para abrigo.
¿Cómo puedo terminar mi estrofa?
si sus esperanzas están rotas
y sus lágrimas no me dejan ver lo que escribo.

¿Qué hago Señor?
Si sólo hay montañas de cemento

que casi llegan al firmamento
e irrumpe el canto de ángeles.

¿Cómo voy a hacer poesía?
si los árboles sólo dan una sombra fría,
y los pájaros no pueden ni hacer los nidos para sus crías.

¿Qué hago Creador?
Si las tierras se tiñen de sangre
Y miles de personas se mueren,
se mueren de amor y se mueren de hambre,
esperando que todo se acabe
para ir al cielo o al infierno
¿Cómo voy a hacer un buen verso?
Si todo lo que veo es rojo, negro, o está muerto.

¿Qué hago Dios mío?
Si TÚ estás pero yo no te veo
y aún sigo siendo de la tristeza un reo.
¿Cómo voy a lograr inspirarme?
si ya no llego ni a fiarme
de lo que tocan mis dedos,
ni de lo que miran mis ojos
ni de lo que invocan mis rezos.
y yo aquí, sólo escribiendo versos.

Olga León

# *Tiempos de olvido*

Son preguntas vanas
las que hoy emanan de esta realidad.
Vaya, ¿qué se puede esperar?
muchas mentiras y ni una verdad.

Ahora no hay condena, sólo culpa.
No hay cadenas, sólo un calabozo burdo.
Es la mente que levanta un muro
perdiéndose la mejor de las cosechas,
porque se abrieron todas las grietas
de una conciencia mal hecha.
Nadie se atreve a desafiar el rumbo de su vida en el mundo
y muchos menos defenderla de lo absurdo.
Solo quieren eliminar todo lo zurdo,
después se quejan de los teutones y de los kurdos.

En un tiempo que no ha sido tiempo,
será de noche todos los días por la mañana.
Todo será diferente o igual que nunca
la razón nos dictará la ruta

o la perderemos de manera brusca.

¿Quién sabe lo que nos espera?
O acaso no nos espera nada o la nada no espera,
Es evidente que perdimos la batalla del Torá
Y la de Ulises y una que otra más,
son tiempos de olvido y de olvidar el tiempo.

# *Credo*

Creo en un pasado que me trajo hasta aquí.
En un milagro que no me deja morir
pero me deja sin órbita ni talento,
que me deja respirar pero respirar no quiero.
Creo que voy al mar y en él semilla siembro,
siempre sin culpa pero con remordimiento.

Creo que me dejo querer por Dios,
porque las cosas se hacen mejor,
se hacen entre dos.

Me parece que algo busco, que de algo carezco.
Creo que he perdido algo que no me habían prestado,
he perdido la alegría que le pertenecía al enfado.

Creo en el mañana porque sé que algo me debe,
creo en un ángel que vuela sin detenerse
y que se pierde, se pierde como aire campestre,
sin justicia, sin verdad, sin amor y sin suerte.

Creo dar una razón para esta aquí presente,

escribo versos de colores que aunque no combinan siempre,
formaran un arcoíris, un arcoíris transparente
que coloreará mi semblante el día que me encuentre con la muerte.

Creo que mi camino es caminar
y mi destino es mutante
creo que yo he sido farsante
por todo lo que he dejado atrás.

# *El destierro*

Érase una vez, dos veces y la última vez,
que olvidé decir mi nombre
y de llenar todos los informes
de la imagen de mis ancestros.
Indagué con desaliento, ¿por qué, por qué miento?
¿Dónde quedó mi origen?, ¿dónde está mi pasaporte?
Eso es todo lo que pienso cuando regreso a la patria,
no sé si salgo, no sé si entro, yo aquí, en un destierro.
mis hermanos son los foráneos y yo la extrajera sin
acento.

Mi valentía fue cobarde, yo soy un numeral.
Unos dígitos que por mi crédito responden.
Dame tu Bolívar la libertad
que perdí cuando crucé el caribe antillano.
Dame Andrés Bello la luz que del castellano.

Yo les ofreceré mi presencia si algún día regreso
a pedirles ser la hija que salió a toda prisa cuando
comenzó un raro gobierno dos años antes del nuevo
milenio.

Heme hoy aquí buscando en los libros y los pasajes de antaño,
vengan, vengan por favor a buscarme;
mentí una vez para quedarme y ahora me refugio
en mis trovas que me liberarán del capital, la acumulación y el engaño.

Las uvas de la medianoche ya no me esperan,
acá del otro lado del caribe busco a mis hermanos y a mis amigos.
Me remonto a aquellos recuerdos de los castigos que mi madre me daba;
y me daba con todo lo que se le atravesara.

¿De qué vale que te quiera patria mía, patria ajena?
¿De dónde saqué la idea de no tener patria?
¿De los anuncios y las propagandas?
¿De ese canal que ahora se quedó sin señal
como señal de traición a la patria?

Mi Valencia, tus calles, tantos recuerdos,
déjame y te cuento: los apretujes de las busetas
y el sudor de los transeúntes.
Cuánto sentimiento dejado en tus aceras
Mi Valencia quinceañera.

Yo dejé tus calles, tus ruidos, tus caminatas,
¿de qué me quejo? si estoy enrumbada en el capital
angloparlante.
En el inconsciente vivo fingida una vida post infancia.
No sé qué le diré a Bolívar, cuando me pregunte por ti
o por Caracas,
qué te puedo decir, soy una villana sin villa, una
villana sin patria.

… Genesis De la iNeXiStENcIa

Olga León

# *Circunstancias*

Hay cosas que no se creen, pero que pasan
como estrellas que no brillan aunque anochezca,
como romper una promesa hecha,
como un desahogo sin lágrimas,
como querer escribir y dejar la página blanca,
como mirar al cielo sin ninguna esperanza.

Hay cosas que no se pueden ocultar,
los relámpagos en noche de tormenta.
De niños el asombro y la sorpresa
del primer día que vemos el mar
son cosas que existen y que siempre existirán.

Hay cosas que no lo son pero que pretenden serlo
como la justicia que no tiene balanza
como amor fugaz disfrazado de amor eterno
que se acaba, como se acaba el invierno
frío, veloz, sin muchas añoranzas.

Hay cosas que valen mucho y que se pierden,
como el hasta pronto del que no vuelve.

## Genesis De la iNeXiStENcIa

Como un camino que se debió haber caminado
o las lágrimas del que a solas se arrepiente
al recordar que su tiempo ha malgastado.

Hay cosas que se esperan y que no llegan nunca,
como árbol macho que no cosecha fruta.
Como un corazón sin valentía
que el amor jamás encontrara su ruta
porque de no necesitarlo tiene la osadía.

Hay cosas que duelen y no se demuestran
como no encontrarle a la vida ninguna recompensa;
o el niño no nacido que esperaba una pareja.
Ver en vez de paisajes, tierras áridas.
Encontrar manos frías donde se esperaban manos cálidas.

Hay cosas que no se tienen pero que se desean,
un amigo que nos sea fiel, uno que nos quiera.
Querer sentir un gran amor demostrado,
estrechando las manos con mucho calor humano.

Olga León

# *Auyantepui*

Yanomami, ven pa' decirte una mentira.
no importa si no la entiendes, así es cuando te
adoctrinan.
Sólo cuida que no te caigan encima,
los muros del imperio
y cuidado con improperios, que eso no es de
cristianos.

Yanomami sube a tu chalana
y mira directo al Orinoco
mira lo que has perdido
si, eres culpable de todo,
tu río se quedó debajo de las aguas.

Yanomami perdona la intransigencia
y mi lenguaje filtrado;
No entiendo el pemón y nunca me hablaron en
arahuaco,
seguro machaco el anglosajón pero con acento guarao.

Yanomami, que anticuado es tu guayuco,

y sin Mc.Donald cerca e' tu casa; no te respetan.
Lo mismo dicen de Gallegos,
lo mismo dicen de Andújar
y de la Negra Mayor
no hay respeto, no hay respeto, apaga el televisor.


Yanomami, ahora puedes votar
y responder todas las encuestas.
La Asamblea Nacional te hará propuestas
lo mismo hará la Asamblea Constituyente,
pero un indio no hace nación en occidente;
porque la selva no tiene ciudad capital.

Yanomami ¿te aprendiste "el himno nacional"?
pero ¿para qué te pongo a cantar? si tienes la boca
llena de casabe.

# *Disoluble*

¿Cuándo se nos perdió la llave
que encerraba nuestra libertad?
¿Cuándo nuestra compañía se clonó
en más de una soledad?
¿Cuándo dejamos de ser y de estar?

¿Por qué yo soy aquí y tú estás allá?
¿Por qué no vienes a mí?
¿Por qué no te voy a buscar?

¿Quién te mira durmiendo?
¿o se despierta mirando tus ojos abiertos?

Los dos tuvimos la suerte de perdernos
y caminar alejados del otro.
Los dos invocábamos al ego
y mal nutrimos el nosotros.

Los destinos fueron dos,
las mareas tuvieron olas opuestas,
el mar dejó de mover la barca

y naufragamos en brazos ajenos,
pero aun así, de amor nos moriremos.

No coagula tu olvido en mis sienes blancuzcas
ni tu perdón llega para darme indulgencia,
esa mirada marrón discuerda con el rojo que me recorre
pero atina con el color de mi hálito amoratado.

# *Desamada*

Una vez más como hoy
me siento ahogada de pesar
me siento triste y con ganas
de no estar más en mi ser.

Quiero volar y perderme con los pájaros o las
ballenas.
Cuánto odio me merezco, aun no logro saber.
Insisto en vivir sin sufrir y nada pasa, el dolor sigue
y sigue y me duele, y sufro y me duele vivir aun.

Estoy en pedazos, esparcidos por mi cuerpo,
pedazos de dolor, y cada vez que recojo uno
me duele el otro.

Camino y me duele, respiro y me duele
vivo y me duele y me duele vivir aun en pedazos.
La tristeza es por tu despedida y tus recuerdos,
te recuerdo y te busco en mi piel
pero aun así quiero tenerte cerca mi pecho

y ya no salir más del palpitar de tu corazón

Amor porque no te quedas siempre
para evitar mi dolor,
sería tan fácil vivir así contigo a mi lado.
Quédate conmigo amor
y ya no sufriré de desamor.

No quiero ser en tu cuerpo
lo que la cocina en la casa;
se prepara, se come
y se dejan los trastos sucios.
Quizá quiera ser el sótano
donde se guardan los secretos
y recuerdos más preciados

Madre, aun me duele tu desamor
y ése es mi dolor primario.
No quiero ser en tus senos
la leche que brota hervida
que alimenta a la niña que, hoy crecida,
fija la mirada en un rostro.
Quiero ser la sangre de esa herida
que nunca se cura pues no se olvida.

# *Mi amante*

¿Dónde estará mi amante?
búscole en cada semblante,
En cada cielo de lluvia,
en cada suspiro de alivio.
¿Dónde estará mi amante?
que aún no viene a buscarme.
¿Estará en el cielo, estará en la calle?

¿Dónde estará mi amante?
¿Estará en mi espalda,
y hace dura mi carga?
¿Estará en mis dedos,
pero no en mis manos?
¿O estará en mis labios,
que desgarrados se abren al viento?
¿Dónde estará mi amante?
que me tiene buscando dondequiera.

¿Cómo será mi amante?
¿Tendrá sonrisa de niño
y piel de albaricoque?

¿Cómo será mi amante?
que aún no puedo identificarle.
¿Cómo será mi amante?
¿Tendrá mirada de seda
y labios de primavera?

¿Por qué no llega mi amante?
 Si al amor no lo retrasa nada.

¿Quién será mi dulce amante?
¿Será un mensaje, será una palabra?
¿Será una esperanza o una promesa dada?
¿Quién será mi amante?,
que tiene del amor todas las caras.
¿Quién será mi amante?
 que yo le miro en todas partes.

¿Cuándo llegará mi amante?
 ¿Llegará cuando ya haya muerto?
 o simplemente el día que no le espere;
quizá ni llegará, quizá ni llegue a verle
o si llega tal vez ni pueda a reconocerle.

# *Reencuentro*

De seguro eres un ser solitario y pensativo
te gusta el mar azul y cristalino
caminar y pasar inadvertido,
sonreír cuando hablas con un niño
y leer lo que pocos han leído.

Imaginas la vida de otra manera
y piensas que eres toda una rareza,
buscas a alguien que te entienda
que sea como tú al pie de la letra,
pero no te confías a la primera
piensas, lo meditas, le das vuelta.

No permites que nada en ti interfiera
para poder hacer lo que quieras,
conversas con un brillo en los ojos
sin malas palabras, con adornos,
eres algo feliz con tus asuntos
y tratas de conservar tu rumbo.

## Genesis De la iNeXiStENcIa

Eres un ser nostálgico en lo más profundo
y buscas crear tu propio mundo;
tu sinceridad no tiene fronteras
y la tristeza es en ti pasajera;
a veces quisieras ser como todos
pero no sabes cuál es el mejor modo
de librarte de lo que dentro llevas.

Así siento que eres y así mi alma te espera
para ser tu fiel amiga, tu compañera
y cuando te acerques nada preguntarás
solo nuestros labios se juntarán
hasta quedar confundidos
entre besos, entre latidos
y darnos lo que nunca hemos tenido.

Somos viajeros en el tiempo
y éste, éste es sólo un reencuentro;
nos hablaremos sin abrir nuestras bocas;
volaremos aunque nuestras alas estén rotas
hasta confundir nuestro vuelo con el de las mariposas,
haremos una nueva naturaleza,
más aire, menos mares y pocas rocas.

No te tengo ahora pero siempre has estado conmigo,
en mis sueños, en mi ser, en el sentido de mi vida.
Quiero bañarme en aguas de pasión prohibida,
que sólo a ti y a mí nos motiva

a seguir siempre adelante
donde se oyen cantos de ángeles,
y ahora el gemido de dos amantes
que nacieron el mismo día
para cumplir con la profecía
de ser relámpago y tormenta
y hacer de fuego la noche fría.

Genesis De la iNeXiStENcIa

Olga León

# *Amor*

Hay amor cuando miro que te alejas
y no digo nada al respecto,
aunque mis gestos otras cosas reflejan
siento que ya no me perteneces
lo sé y hoy padezco con creses,
es mi tormento a largo plazo por mis amores breves.

Hay amor en una página escrita
cuando las palabras no te ayudan
pero el corazón protesta y grita
por las nostalgias que lo abruman
pero sin llegar a hacer reproches
escribes en el día, lo que sueñas por la noche.

Hay amor en un deseo insatisfecho
Como este que siento y que confieso
Amor improbable eres y lo serás siempre.
Amor que vive al día y por la tarde muere
Repitiendo el ciclo veinticuatro por siete.

Hay amor cuando llevamos toda la carga
de un amor patrocinado entre ambos
ahora nos dejamos de preámbulos
y sin tus besos , mi saliva es amarga,
es un hecho, el destino no une, lo que Dios aparta.

# *Inhóspito*

Mi corazón es un lugar inhóspito que claudicó su lucha,
y se embarcó en un sin rumbo incógnito en los mares del desamor
para no cometer el mismo error en cada uno de sus pálpitos.
Oh pobre corazón, corazón árido.

Mi corazón no da para más
Y desconoce el sentido de amar a los demás;
Sus más se sumaron y dieron menos.
Mi corazón pasó a ser un corazón forastero
Pues en el pecho ya no lo siento.
Oh pobre corazón, corazón inhospedable

Mi corazón perdió ya la razón
y me invita a vetar al sentimiento,
a rebelarse a los recuerdos,
y a no decir ni un más te quiero.
oh pobre corazón, corazón desierto.

Mi corazón yace lisiado
y me impide con enfado
volver a decir hola gato.
Oh pobre corazón, corazón deshabitado.

Mi corazón desalojó a todos sus huéspedes
y se enfocó en su torrente sanguíneo
y me dijo, usted vaya y acuéstese
que yo me encargo de los testigos.
Oh pobre corazón, corazón agreste.

# *Desesperanza*

¿Quién soy? Dios qué pregunta.
Soy un ave que vuela y mantiene su ruta.
Que es corajuda pero también se asusta.
Soy poetiza que escribe sin destreza
Y al igual que las águilas no ve en las moscas una presa.

¿Por qué soy? Naturaleza vamos responde.
Porque un maleficio extraño
me convierte en poeta sin nombre.
Porque nada hay que me asombre
porque soy tierra, mar, fuego o aire
O tal vez un elemento que no combina con nadie.

¿A dónde voy? Destino eso ya es contigo.
Tal vez al encuentro de un alma o de un ser querido;
o de vueltas a las tinieblas del ayer.
Voy mar adentro, cuesta arriba, a donde me pueda devolver
cuando me pierda de nuevo en el mismo camino.

¿Qué busco? Vida esperan tu respuesta.
Busco ser yo y dejar mi conciencia intacta
busco algo distinto, alqo que impacta
busco un campamento para mis desdichas
y unas tierras áridas llena de brisa
para cosechar amoríos sin mucha prisa.

¿Cuándo seré feliz? Amor es tu turno
¿Desde cuándo los poetas son felices?
Si los poemas son consecuencia de matices grises
que pintaron nuestra alma en agonía.
El día que sea feliz, renuncio a la poesía.
El día que la felicidad toque mi puerta
Ya seré un alma muerta
Y me olvidaré de todos los versos que escribía.

¿Cómo soy? Conciencia asume tu puesto.
Yo soy como un volcán hawaiano
arrebatado de sus lugareños.
Soy mendiga, soy esclava, soy errante y sin techo.
Este mundo que está de lo peor hecho
no me deja ser más que eso.

# *Infinito*

Si me quedara el último respiro por dar,
volaría, volaría a la mar y allí posaría
mi aliento, mis recuerdos y mi pesar.
Si me quedara, el último beso por dar,
buscaría unos labios abiertos; unos labios
insatisfechos; no buscaría los tuyos, los tuyos
ya no los quiero.

Si me quedara el último suspiro por dar,
buscaría en los ojos de mi madre,
el recuerdo de aquella tarde cuando pasó a la
eternidad.

Si me quedara la última palabra por expresar
hablaría al silencio, al cielo y al infinito
y trataría de dejarlo por escrito por si alguien no
entiende lo dicho.

Si me quedara el último verso por plasmar,
buscaría en mis recuerdos, todo lo malo, todo lo
bueno

de lo que me pasó en el ayer y trataría de retroceder
hasta mucho antes de nacer.

Si me quedara el último adiós por dar,
escribiría algo así como un poema,
para recitar de cosas que valgan la pena;
de los eventos que me dieron faena
y de las personas que me rezaran la novena.

Si me que quedara un último chance por vivir,
volvería, volvería a repetir, y de las personas
volvería a buscar a todas las que me llegaron a amar y
a todas a las quiero, a las que aún recuerdo y a las que
no he podido olvidar.

## **About The Author**

Olga Leon is an English and Spanish teacher born in Valencia, Venezuela. She obtained her under graduated from Carabobo University in the field of Modern languages in 1995 and her graduate degree in Spanish Literature and Linguistics at North Carolina State University in 2010. She is fascinated with the nomenclature of words and utterances hence her passion for the human language in all of its formats, particularly poetry and psycholinguistics.

Multiple sources of inspiration have given light to her poetry conception that goes from the numerous heart broking experience regarding love and friendship, her battle with cancer as well as the impact that the political and economic situation of her country Venezuela has had on her family for the past 20 years; facts that are intensely reflected in her work.

www.ingramcontent.com/pod-product-compliance
Lightning Source LLC
Chambersburg PA
CBHW032135090426
42743CB00007B/601